ベジデコサラダの魔法

低糖質&グルテンフリーでおいしくハッピー!

ベジデコサラダ デザイナー
森安美月

Vegedeco Salad

はじめに

「ベジデコサラダ」は、まったく新しい形のサラダです。

一見、お砂糖たっぷりの甘いケーキに見えますが、ほとんど野菜でできています。小麦粉も使っていません。生クリームも使っていません。「え？　うそでしょう⁉」と驚かれますが、使っているのはとうふや糀《こうじ》、大豆粉など、低糖質でグルテンフリーの食材だけ。だから、とってもヘルシーです。

ベジデコサラダのコンセプトは、

「見て楽しい、食べて楽しい、笑顔があふれる」です。

目にとびこんでくる鮮やかな色、鼻腔をくすぐる素材の香り、舌を驚かせる見た目と味のギャップなど、五感を大いに刺激します。だから、作る人も贈られる人もみんなが笑顔になって、体と心が変わります。

私は、約30年前からレストランの経営に携わってきました。プライベートでは２人の子を持つ母です。２人とも成人していますが、長男は食物アレルギーで、次男は大腸炎を患いました。おまけに夫は糖尿病になりました。大切な家族の胃袋を預かる身として、そしてレストランの経営者として、ずっと「食」と向き合ってきました。

そうして誕生したのが、このベジデコサラダです。体によいという機能性はもちろん、見ただけでワクワクする楽しさ、ヘルシーな食材がもたらす本当のおいしさなど、全てがぎゅっと詰まっています。

何より、ベジデコサラダって作るのがとても楽しいんですよ。だって、初めて見た方は、これがまさかサラダだなんて思わないじゃないですか。だから、誰かに贈ることを想像しながら作っていると「どんな顔をするかな？」「食べたらなんて言うだろう」って、ワクワクしてくるんです。そして実際「わぁっ！」と言ってくれたら、しめしめ、やったやったって、さらなる喜びが訪れます。

この本では、家族のお祝いやパーティーなど、特別なシーンを彩るベジデコサラダのレシピをご紹介しています。難しそうに見えるかもしれませんが、基本の作り方は共通しているので、慣れればとっても簡単。逆を言えば、基本の作り方さえマスターして、使う野菜や飾りつけをアレンジすれば、仕上がりは無限に広がります。

この新感覚のサラダを通して、あなたと、あなたの大切な方々の笑顔が増えますように。

contents

Chapter 3

Chapter 4

私がベジデコサラダを通して伝えたいこと

Chapter 1

はじめまして、ベジデコサラダです

About Vegedeco Salad

楽しい！　おいしい！　ヘルシー！
人生を豊かに彩るベジデコサラダ

ベジデコサラダが誕生したのは、２０１５年。私が経営するフランス料理店「ラ ポルト マルセイユ」で、低糖質&グルテンフリーのメニューとして発表したのが始まりでした。そして２０１６年には、冷凍で配送可能な「おくりものサラダ」としてのベジデコサラダを開発。最近は名古屋・東京でお教室を開催するほか、国内のテレビや雑誌をはじめ、ＣＮＮなど海外のメディアにも取り上げられています。

「日本ならではの、愛でる食文化」であることも、ベジデコサラダが海外から注目される理由です。視覚を刺激するカラフルな色合い、嗅覚に訴えるヘルシーな香り、舌を喜ばせる自然な味わい、旬の野菜から得られる季節感など、五感で食べ物をキャッチすることで大きな満足感を得られるこの特別なサラダこそ、日本独特の愛でる食文化そのもの。しかも、使っているのは、糀やとうふなど日本で古くから親しまれている食材です。そのうえ、低糖質&グルテンフリーでヘルシー。だから、愛でて、食して、満足できる。女性にはたまらない新しい日本食として海外で話題になっています。

そんな、世界からも注目を集め、驚くべきスピードで広がりを見せているベジデコサラダ。まずは改めて特徴をご紹介しますね。

甘いケーキのふりをした栄養満点のサラダ

多くの方が、見た目と材料のギャップに驚かれます。一番よく聞かれるのは、「どんな味?」ということ。もちろん、お砂糖は入っていないのでケーキのような甘さはありませんが、まったく甘くないわけでもありません。ケーキでいうスポンジの部分は、国産大豆粉と糀で作った生地なので旨味を伴った甘さがありますし、野菜自体が持っている自然な甘みもあります。また、ドレッシングをかけていただくので、味がうすいということもありません。クリームはオリジナルのとうふクリームで、野菜を使って色をつけています。

一見ケミカルなケーキに見えますが、日本伝統の糀やとうふを取り入れていて、まるでデコレーションケーキのように仕上げています。それがベジデコサラダの大きな魅力です。

低糖質&グルテンフリーだから体にイイ！

この30年間、「本当に体によいメニューとは、どんなものなのだろう」と、ずっと考えてきました。薬膳やスパイス・ハーブ、マクロビオティックなどさまざまな食を学びましたが、どれも「はい、これがあなたの体にいいメニューですよ」と提供するには難しい面がありました。食べ物に対する反応は人それぞれだからです。けれど、そんな前提を差し置いても自信を持ってお伝えできることがあります。それは、「低糖質&グルテンフリーを心掛ける」ということです。これは、私がこれまでに蓄えた知識と経験をもとに出した結論です。

血糖値が激しく上下動をすると、眠気に襲われたり、太りやすくなったりしますが、ベジデコサラダは低糖質なので、血糖値が乱高下することはありません。だから、集中力が続くし、肥満を防げます。さらに、全身の血流が安定することで、さまざまな不調や生活習慣病にも有効に働きます。糖質の過剰摂取で血管の内側を傷つけることもないので、動脈硬化や心臓病のリスクも低下します。

また、グルテンフリーは腸活にも最適。そもそもグルテンというのは、主に小麦粉に含まれているたんぱく質の一種で、食物に弾力や粘り気を出す働きがあります。うどんにコシがあるのもグルテンが含まれているおかげです。

けれども、グルテンはアレルギーや腸の疾患を引き起こす恐れがあるのも事実。そのため、アメリカではグルテンフリーの食品が推奨されていますし、日本でも少しずつ取り扱いが増えてきているように思います。私はもともと胃腸が弱かったこともあり、腸活には積極的に取り組んできました。そして、いろいろな学びを通して、グルテンフリーのベジデコサラダを開発しました。日本ならではの発酵食品である糀を使っているのも、実は腸活を意識しているからなんです。

低糖質&グルテンフリーを心掛けることで、実際に私が体感した効果をいくつかご紹介しましょう。

・朝の目覚めがよくなった
・風邪をひかなくなった

・夕方になっても、むくまなくなった
・疲れにくくなった
・肌に吹き出物ができなくなった
・感覚が鋭くなった
・集中力が高まった

もし、「なんだか体がすっきりしない」と感じている方は、ぜひ一度、いつもの食を見直してみてくださいね。

オードブルにもデザートにも変身！　いろいろなシーンで楽しめる

いろいろな楽しみ方ができるのも、ベジデコサラダのいいところです。たとえば、ちょっとしたパーティーのとき、テーブルの上に最初からホールで置いてあったらすごく華やかですよね。オードブルのような感覚です。クリームの色や使う野菜を工夫すれば、デザート気分だって味わえますし、手土産としても活躍します。「これ、私が作ったサラダ」と、こんなサラダを持参したらきっと盛り上がり、みんなが笑顔になるはず。

これからの時代は、機能性やおいしさを追求するだけではなく、食を通して相手を思いやること、自分の想いを表現することが求められているのではないでしょうか。食を通してコミュニケーションをとることで、生きる楽しさや豊かさが広がり、心と心が結びついていきます。それによって、食材の機能にとらわれない新たな価値が生まれるのだと思います。

食べ方はいろいろ。

お好きな時と場所で
お召し上がりください。

ご自宅で

アフタヌーンティーで

ベジデコサラダカフェにて

甘いものがやめられない？　でも、ベジデコサラダなら大丈夫！

「甘いものが大好きなので、低糖質&グルテンフリーで満足できるかしら」。そんなふうに思っていませんか？

たしかに、甘いものに慣れ親しんだ舌や脳をガマンさせるのは大変です。でも、ベジデコサラダなら、そんな心配はいりません。

最近は、日本でも低糖質&グルテンフリーが話題になっているので、「体によさそうだから、やってみようかな」と思う方も多いと思います。でも、実際に継続するのはとても難しいでしょう。世の中には糖質&グルテンを含む食べ物があふれています。しかも厄介なことに、それらはとてもおいしい。糖質には中毒性があるといわれ、断ち切ることも困難だそうです。そのため、いくら「低糖質&グルテンフリーは体にいい」と頭でわかっていても、食べたい欲求を抑えこんで継続するのは大きなストレスを伴うかもしれません。

それに、脳はとても頑固。それまで当たり前にしてきたことを頑なに貫こうとします。たとえば、普段使っている調味料にも砂糖や砂糖由来のものが入っているのをご存じですか。

そう聞いて驚いた瞬間は「え〜、じゃあなるべく控えようかな」と思ったとしても、きっと次に使うときは、いつも通り気にせず使用する方が多いと思います。なぜならそれがその人の習慣であり、脳にとっては「当たり前」だからです。

でも、それがベジデコサラダでしたら、甘そうなケーキに見えるのに、食べると野菜の味がする。脳は激しく混乱します。「え？　これは甘いの？　甘くないの？」。そして、五感を刺激し、脳を揺さぶることで、まるで新しいシナプスが形成されるかのごとく、食べ物に対する見方が変わってくる。ちょっとしたショック療法のような感じです。

実際、ベジデコサラダを食べた方は「なんだか、デザートを食べなくても満足できちゃった」とおっしゃることが多いです。甘いものを食べたい、かわいいものを食べたいという欲求が、どうやらベジデコサラダで満たされてしまうようなのです。

目で満足することで、ケーキが持っている楽しさや豊かさを十分感じられるのも理由のひとつかもしれません。

そんなことが、ごく自然に起こるベジデコサラダ。だから、甘いものをやめられない方が実践しても、決してストレスにはなりません。むしろ、体が本当に喜ぶものを摂り入れることで、どんどんストレスからも解放されていきます。そして体が変わり、心も変わり、食べ物をはじめとするさまざまなものに対する見方が変わる。人生まで、変わりそうな気がしませんか？

完璧な仕上がりよりも自分の想いを表現する飾りつけが大切

ベジデコサラダを作るときには、ひとつだけ守っていただきたい作法があります。

「心を落ち着け、呼吸を整えて、大切な方の笑顔を想い浮かべながら作る」

まずは深呼吸です。ゆったり落ち着いた気持ちで素材を見つめてください。そして、これが大切な人を笑顔にするんだと想いをめぐらせてください。すると、目の前の野菜や、丹精込めて野菜を育ててくれた生産者の方、笑顔にしたい相手がいることなど、いろいろなことに感謝の気持ちが芽生えてきます。これは、本当に不思議！すごく穏やかな気持ちになれるので、私自身も大好きなひとときです。

次に、大切な方の笑顔を想い浮かべます。「あの人だったら、何色のクリームが好きかな？」「野菜を花びらのようにデザインしてみよう」など、色やデザインのイメージがどんどんふくらんできます。そして想いを表現することで、世界にひとつだけの贈り物が完成します。

よく、「キレイに仕上げるコツはありますか？」と聞かれますが、「自分の想いを大切にして作ればいいんですよ」とお答えしています。もちろん本書では、見た目が美しいベジデコサラダの作り方をご紹介していますが、完璧に再現しようと肩肘を張る必要はありません。大事にすべきは、技術やテクニックではなく、相手を想う自分の気持ちを表現することです。なぜなら、それが相手をとびきりの笑顔にする最大のポイントだからです。

女性には、もともと「相手を笑顔にしたい」という想いが宿っていますよね。どんなに忙しくても、結局家事をするのは、義務感からではないと思います。「いただきまーす！」と元気に食事を頬張る子どもの顔を見たい。整頓された部屋で旦那さんをくつろがせてあげたい。そういう、頭じゃなくて心に突き動かされる感じ。母性と言い換えられるかもしれません。

ベジデコサラダには、そんな母性を活性化するスイッチのような効果もあるように思います。笑顔を想像しながら作って、実際、笑顔をもらうことができる。その瞬間、自分自身も幸せな気持ちになって、「もっともっと誰かに何かをしてあげたい！」というスイッチが入るんです。

大切な人の笑顔を増やすということは、自分らしさを育むことにもつながります。自分が主体になって、相手を喜ばせるために創意工夫することで、自分らしさというものがわかってきますし、満ちてきます。だから、ベジデコサラダのまわりには、笑顔と幸せがあふれていく。そんな気がしています。

食スタイルを選ぶことは生き方を選ぶこと 食べ物は、人となりに表れる

疲れているとき、食事を作らず、コンビニで済ます人も多いと思います。でも、ちょっと想像してみてください。「もしも365日、毎日コンビニのご飯を食べていたら、どんな自分になるだろう?」と。どんな感性になって、どんな仕事ぶりになって、どんな人と仲よくなるのでしょうか。

最近はコンビニにもヘルシーなメニューがそろっているので、細胞一つひとつを作る栄養素としては事足りていると思います。でも、もう少し大きな枠組みで見るとどうでしょう。心が元気になったり、人生が豊かになったりするでしょうか?

私はこの本を通して、みなさんに新しい食のスタイルをご提案したいと思っています。今は、機能性を重視した料理や高級な食材が、もてはやされている時代です。でも本来、料理というのは、その人の体や心、ライフスタイルに合っていて、笑顔

を増やしてくれるものなのではないでしょうか。似合う洋服を選ぶように、一人ひとりが、本当に自分を心地よくしてくれる食材や調理法を選ぶ。新しい野菜の食べ方を提案することで、そんな笑顔あふれる食シーンを創造したいと思っています。

食スタイルを選ぶことは、生き方を選ぶことです。毎日コンビニのご飯というのは極端な例ですが、私がお伝えしたいのは、ちゃんと自分の体や心の声に耳を傾けていただきたいということ。空腹感や快楽に任せて、何も考えずに食事をしていたら、必ず体や心に投影されます。肌が荒れるとか表面的なことだけではなく、人となりとして表れてくると思うのです。

だからまずは、自分がどうなりたいかをきちんと意識することが大切ではないでしょうか。体重を落としたいのか、ぐっすり眠れるようになりたいのか、イライラしないようになりたいのか。そして、そんな体や心をどうすれば改善できるのか、そのために食事はどうすればいいのか、生き方と食を結びつけてみる。このベジデコサラダが、ご自身の食のスタイルを見つめるきっかけになれば幸いです。

Chapter 2
ベジデコサラダの作り方
How to make a Vegedeco Salad

見て楽しい、食べて楽しい笑顔があふれるベジデコサラダ

初めて目にするとき、口にするとき、思わず笑顔がこぼれてしまうのがベジデコサラダです。ピンク、オレンジ、パープル、グリーンと、鮮やかな色彩は全て天然の恵み。取り分けられた一皿には見事なグラデーションがのぞき、集まる家族やお友だちと、心弾むひとときを共有できます。

ベジデコサラダの作り方は、驚くほどシンプルです。大豆粉を使ってスポンジを作り、マリネした野菜4種をミルフィーユ状に重ね、ベースは完成。冷蔵庫で冷やしたら、食べる人への想いを寄せて、とうふクリームやカラフルな野菜を自由に飾ります。色や形は、そのとき入手できる野菜の状態により、同じものは2つとありません。野菜との一期一会を楽しみながら、笑顔が生まれるまでの過程を、新しい食スタイルの一部として取り入れてみてください。

ベジデコサラダを作る
4つのSTEP

STEP 1 スポンジを作る

大豆粉を使い、甘糀や塩糀で味を調えたスポンジです。クリームチーズでコクもプラスし、オーブンで焼きます。

▼

STEP 2 とうふクリームを作る

水気の少ないとうふに、甘糀やビーツを加えたなめらかなクリームです。野菜の組み立てやドレサージュに使います。

▼

STEP 3 野菜のマリネを作り、組み立てる

野菜4種を切ってレモン汁とオリーブオイルでマリネし、色鮮やかに仕上げます。ケーキ型に入れ、組み立てます。

▼

STEP 4 飾りつけをする

とうふクリームを絞り、野菜で立体的にドレサージュします。食べる人の笑顔を思い浮かべて仕上げましょう。

plus α

発酵食品の糀でお好みのドレッシングを作る⇒ P45 参照

STEP 1

スポンジを作る

大豆粉と甘糀で誰にでも勧められる一皿に

どんな人にも安心して選んでもらいたいから、ベジデコサラダの材料には砂糖や小麦粉を使いません。スポンジには、砂糖の代わりに甘糀、小麦粉の代わりに大豆粉を使い、低糖質、グルテンフリーを実現しています。

安心して作るためには、材料にもこだわりたいもの。お店では甘糀に、富山県の石黒種麹店の「甘酒の素」を使っています。無添加にこだわる同店の甘糀は、富山県産のコシヒカリ一等米と新大正もち米を原料に、お米の甘さを引き出して作られます。大豆粉は、三重県産大豆を失活処理したものを使います。えぐみが出ないよう熱処理が加えられ調理に使いやすく、大豆本来の甘さを感じられます。グルテンが含まれない大豆粉は、混ぜすぎるとねっとりする小麦粉のようには気をつかう必要がありません。お料理初心者の方にも、気兼ねなく作っていただけます。

STEP 1 スポンジを作る

国産大豆粉と糀を使ったスポンジの作り方

ベジデコサラダの基本となるスポンジです。
こだわりの大豆粉や甘糀が、自然な甘みを引き出します。

材料（直径15cmの円形2枚分）

- 卵……2個
- レモン汁……1g
- クリームチーズ……25g
- 甘糀……10g PICK UP
- 塩糀……2g
- ベーキングパウダー（アルミニウムフリー）……2g
- 大豆粉……20g PICK UP

PICK UP

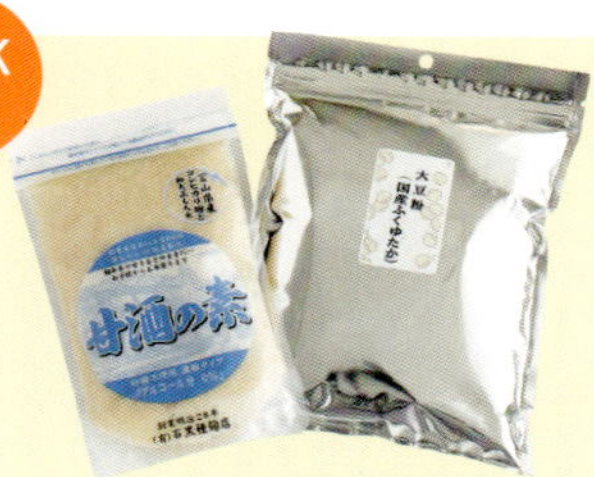

甘糀は富山産の「甘酒の素」（石黒種麹店）、大豆粉はオリジナルの国産大豆粉（Mitsuki Styleにて購入可能）を使っています。

ボウルに卵白とレモン汁を入れる。ハンドミキサーで混ぜ、角《つの》が立つまでしっかり泡立てる。

卵黄、クリームチーズ、ベーキングパウダー、甘糀、塩糀をハンドミキサーで混ぜる。1の半量を加え、ゴムベラで混ぜる。

3

②に大豆粉を加える。ホイッパーを使い、粉っぽさがなくなるまでよく混ぜ合わせる。

4

①のメレンゲの残りを加える。ゴムベラで、ボウルの底からざっくりと混ぜ合わせる。

5

絞り袋に④を入れる。オーブンシートを敷いた天板に、中心から渦巻き状に絞り出し、直径15cmの円形を2枚作る。

6

150℃に予熱したオーブンで、焼き色がつくまで15～20分焼く。粗熱がとれたらオーブンシートからはがして冷ます。

STEP 2

とうふクリームを作る

心と体を健康にする オリジナルのとうふクリーム

ベジデコサラダに欠かせないのが、オリジナルのとうふクリームです。野菜を加えて自然な色合いを出し、日本伝統の糀で味を調えているので、安心でヘルシー。腸活も意識しています。加える野菜はビーツ（P46参照）が基本。ピンク色のクリームが心を華やかに躍らせ、見るだけで「食べたい」という気持ちにさせてくれます。色の濃淡は、加える野菜の量で変えられます。濃い色にしたい場合は、野菜を増やして油分を控えめに。薄い色にしたい場合は野菜を減らして油分を多めに。旬の野菜を使うことで、クリームの色合いはカラフルに変えられます。食べる人のお好みを考え、自由に調整してみてください。

とうふクリームの材料の基本は、水切りとうふですが、時間があるときは、木綿とうふで自家製の塩とうふを作ってみるのもよいでしょう。その場合、塩を振って重しをし、冷蔵庫で一晩しっかり寝かせます。水気を切ったら、水切りとうふと同様のプロセスへ。塩分が足りない場合には、フードプロセッサーにかけるときに塩糀を少し足せばOK。生クリームのように、混ぜているうちにぼそぼそになったり、とろみ加減を心配したりする必要がなく、扱いやすいのも利点のひとつです。マグネシウムやナトリウムがバランスよく含まれ、たんぱく質はたっぷり。適度に加えるオリーブオイルがとうふのたんぱく質をコーティングしてなめらかな口当たりにし、野菜との相性もぴったり。食べごたえも十分です。

とうふクリームは、ベジデコサラダだけでなく、さまざまな料理に応用できます。たとえば、ビーツたっぷりのボルシチには、サワークリームの代わりとして。お子さまが大好きなグラタンには、乳脂肪分の多いバターや生クリームが含まれるホワイトソースの代わりにしたり、マッシュポテトの代わりに絞ったりするアレンジもできます。もちろん、生野菜や蒸し野菜のディップとして、そのままシンプルにいただくのもおすすめ。よりヘルシーに味わうなら、オリーブオイルの代わりに、オメガ3系オイルのえごま油や亜麻仁油を加えましょう。心と体を健康にするとうふクリームを、毎日の定番の味にしてください。

STEP 2 とうふクリームを作る

発酵食品の糀を使ったとうふクリームの作り方

野菜の組み立てや、ドレサージュの主役になるとうふクリーム。
なめらかに仕上げるのがおいしさの秘密です。

材料

- 水切りとうふ……360g PICK UP
- ビーツ（水煮・缶詰）……25g PICK UP
- 甘糀……20g PICK UP
- 塩糀……5g
- 太白ごま油……15g

PICK UP

生のビーツは長時間煮込んで使いますが、缶詰ならお手軽。甘糀は、国産原料のものを使っています。

1

とうふを軽く水洗いし、キッチンペーパーで水気をとる。一口大にちぎり、フードプロセッサーにかけ、かくはんする。

2

なめらかになったら一度止める。まわりについたとうふをゴムベラで落とし、むらのないよう再びかくはんする。

3

水気を切ったビーツを加え、なめらかになるまでかくはんする。

4

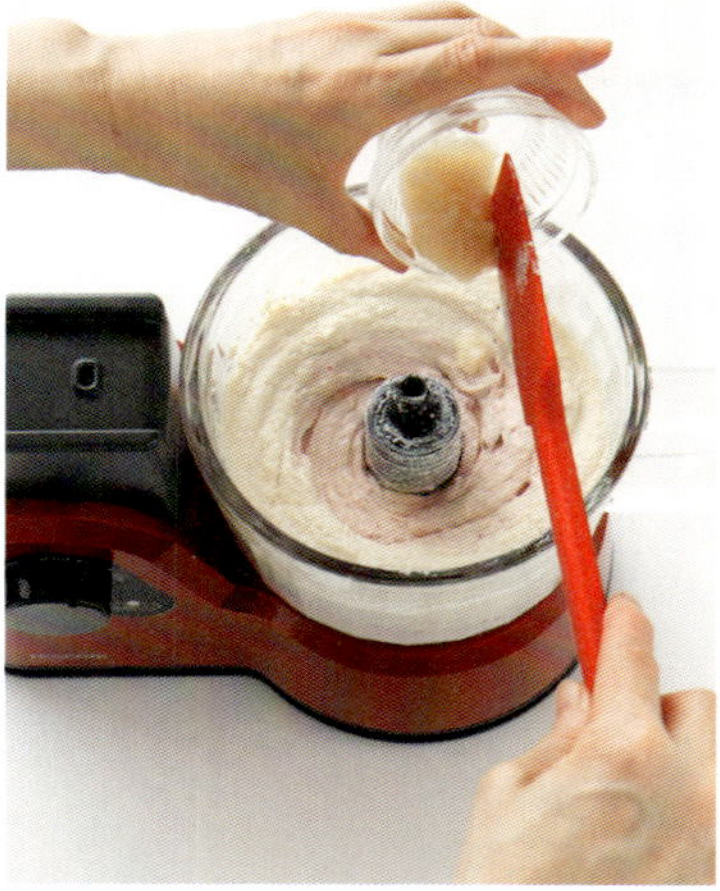

ビーツが混ざったら一度止める。甘糀と塩糀を加え、さらにかくはんする。

5

フードプロセッサーの口から、ごま油を少しずつ加えてかくはんする。

6

持ち上げたときにもったりと、なめらかになったらできあがり(フードプロセッサーの回転数により時間は異なる)。

STEP 3

野菜のマリネを作り、組み立てる

野菜の個性を生かして レモンとオリーブオイルで発色よく

とうふクリームでドレサージュされたベジデコサラダの主役は、切り口からのぞくカラフルな野菜です。使う野菜は、セロリ、にんじん、紅芯大根、紫キャベツが基本。野菜が3種類だと見た目や味わいが控えめとなり、5種類以上だと味のまとまりが悪くなるため、4種類を入れるのがベストバランスだと考えています。

基本の材料に、緑色のキャベツより紫キャベツ、白い大根より紅芯大根を選んでいるのは、カラフルな見た目を演出したいから。また、今注目されている野菜のパワー、ファイトケミカルが持つ抗酸化力も期待できます。でも、根菜類、葉物野菜、香味野菜が入るように選べば、その日に冷蔵庫にある野菜でかまいません。ブロッコリーやカリフラワー、紫芋なども栄養面や色合いを考えると使いやすい野菜です。見て、味わって、楽しめる野菜をお好みで選んでください。

それぞれの野菜は、薄刃の包丁を使って千切りにします。千切りの幅は1～2㎜にし、日本料理で一番おいしく食べられると言われる1寸（約3㎝）の長さにするのがおすすめです。口に入れたときに適度な歯ごたえがあり、一口ずつ食べやすくなります。千切りにした野菜は、レモン汁とオリーブオイルでマリネします。抗酸化作用のあるレモンや油分を加えることで、野菜の色合いがより鮮やかになり、保存性が高まり、野菜の甘みも感じられます。混ぜるときは、強くもむと野菜の水分が出るため、指先を立ててぐるぐる回すように。やがてもったりとした感触になり、オリーブオイルの油分と野菜の水分が乳化して成形しやすくなります。

型に入れるときは、スポンジや野菜をすきまなく上から押さえるのがポイントです。カットしたときに鋭角になる中心は、特にしっかり押さえます。型を回しながら入れると、型から外すときに野菜の切れ端が飛び出る心配がありません。野菜が全て収まらないときは、切り方が粗いためか、押さえ方が足りないためかもしれません。スポンジを上からかぶせ、もう一度手のひら全体を使って平らにし、ぴっちりラップをして冷蔵庫へ。乳化した野菜ととうふクリームが密着し、きれいに仕上げることができます。

STEP 3 野菜のマリネを作り、組み立てる

野菜のマリネの作り方

彩り野菜にレモン汁とオリーブオイルを加えると、
発色も、口ざわりもアップ！ どの野菜にも応用できます。

材料（直径15cmの丸型1台分）

- 紫キャベツ……110g PICK UP
- セロリ（茎）……110g PICK UP
- にんじん……110g PICK UP
- 紅芯大根……110g PICK UP
- レモン汁……20g（各野菜に5gずつ）
- オリーブオイル……20g（各野菜に5gずつ）

PICK UP

野菜の色や重さは、時期や産地により異なります。その時期の新鮮な野菜を選び、正味量を量って使います。

1

野菜を軽く洗い、水気をとる。繊維に沿って、長さ約3cm、幅1～2mmの千切りにする。

2

1の野菜の分量を量ってボウルに入れ、レモン汁を加える。

3

全体になじむように、よく混ぜる。強くもむと水分が出るので、指を立てるようにして混ぜるのがポイント。

4

オリーブオイルを回しかける。

5

指でぐるぐると回すように、よく混ぜる。油分と水分が乳化して、もったりとしたらできあがり。冷蔵庫でよく冷やす。

POINT

レモン汁とオリーブオイルを加えると発色や食感がよくなり、保存性も高まります。各野菜、1種類ずつ分けて作りましょう。

STEP 3 野菜のマリネを作り、組み立てる

組み立て方

底が抜ける丸型に、ミルフィーユ状に重ねて仕上げます。
たっぷりに見える野菜も、1台分しっかり収まります。

材料（直径15cmの丸型1台分）

- スポンジ2枚（P28参照） A
- とうふクリーム（P32参照） B
- 野菜のマリネ（P36参照） C

1

型の底にスポンジをしっかり敷き詰める。とうふクリームを外側に1周、中心とそのまわりにも1周絞る。

2

セロリをすきまなく敷き詰める。野菜の端が飛び出ないように、型を回しながら、押さえるように加えていく。

POINT

中心部分は、カットしたとき鋭角になるところです。とうふクリームと密着するよう、真上からしっかり押さえ、崩れないようにします。

3

①と同様に、とうふクリームを外側に1周、中心とそのまわりにも1周絞る。

4

②、③と同様に、にんじんを敷き詰め、とうふクリームを絞る。

5

②、③と同様に、紅芯大根を敷き詰め、とうふクリームを絞る。

6

②、③と同様に、紫キャベツを敷き詰め、とうふクリームを絞る。

7

スポンジの焼き目を内側にして、⑥の上にのせる。平らになるように、外側、中心をしっかり押さえる。

8

ぴっちりとラップをかぶせ、冷蔵庫で最低15分冷やす。

STEP 4

飾りつけをする

大切な人の笑顔を想い浮かべ自分の気持ちを表現する

冷蔵庫でベジデコサラダを冷やしてベースを完成させたら、とうふクリームや野菜を自由に飾りつけます。とうふクリームは、全体が隠れるように下塗りした後、もう一度パレットナイフで仕上げの化粧塗りをします。こうして2回塗ることで、全体にまんべんなくクリームが行き渡り、カットしたときにきれいなクリームの層がのぞきます。

とうふクリームのよいところは、パレットナイフで何度塗り直してもぼそぼそとしないこと。もしも絞り方や仕上がりに納得がいかなかったら、パレットナイフで余分な部分を取り、もう一度絞り出して塗り直すことができます。

ドレサージュに使う野菜は、スライスしてカールさせたり、キューブ状にしたり、ラウンド形をそのまま生かしたりと、自由にアレンジできます。それぞれの野菜は

オリーブオイルでマリネしておくと、乾燥を防げるほか、色合いを鮮やかに保ち、しゃきしゃきとした歯ごたえも保てます。全体のバランスを考え、高さを出すように飾ると立体的な表情を出せます。スライスした野菜をリボン形にしたり、野菜の自然な形を生かして大胆に飾るのもよいでしょう。ハーブなどのグリーンを散らすと、全体が引き締まり、ぐっとおいしく見えます。特別なときには金粉を振りかけると、ベジデコサラダがキラキラと輝き、華やかな世界を演出できます。

お店の野菜は、主に愛知県や岐阜県の生産者に届けていただいています。その日に入手できる一番よい状態のものを選んでいただいているため、同じ野菜でも、色や形、味は毎回違います。たとえばセロリなら、茎が白いもの、緑色のものと変わることがあります。でも、どちらがよいというわけではなく、それぞれが野菜の持つ個性。旬の野菜の持ち味を生かしてアレンジすることが大切です。

飾りつけのテクニックは細かくお伝えしていません。その代わり、一番大切にしてほしい作法を「誰を笑顔にするか、想い描いて飾ること」としています。本書に載せた写真も全て、この本を手に取ってくださるみなさんの笑顔を想い浮かべて、私がドレサージュしたベジデコサラダです。

大切な人の笑顔を想い描き心を込めドレサージュする

とうふクリームを絞り、立体的に飾ります。
食べる人の笑顔を想い浮かべ、自由にアレンジしましょう。

材料（飾り用）

- にんじん
- セルフィーユ
- マイクロトマト
- パセリ（みじん切り）

冷蔵庫から取り出したら……

片手で型の底を支えて持ち上げ、もう片方の手で外枠をそっと下げるように外す。そのまま回転台の上に置く。

型の底板とスポンジの間にパレットナイフを入れる。パレットナイフで持ち上げ、底板を外す。

1

絞り袋に入れたとうふクリームを、中心から外側の端まで、渦巻き状に絞り出す。

2

パレットナイフで、上部のクリームを平らにならす。

3

パレットナイフで余分なクリームをまわりに落とし、平坦になるようにならす。

4

パレットナイフで上部とまわりのクリームを平らにならし、下塗りを完成させる。冷蔵庫で15分程休ませる。

5

パレットナイフの先に、円周の約半量のクリームを出し、4のまわりにつけて化粧塗りする。もう一度繰り返す。

6

絞り袋に入れたとうふクリームを1周分、絞り出して飾る。上から押しつけるように絞ると、きれいな形に。

7

6のまわりに、パセリのみじん切りをつける。底をパレットナイフで持ち上げ、盛りつけ皿に移す。

8

スライスしてオリーブオイルをなじませたにんじん、マイクロトマト、セルフィーユを飾りつける。

plus α

発酵食品の糀でお好みのドレッシングを作る

楽しさを盛り上げるオリジナルのドレッシング

ベジデコサラダは、スポンジやマリネした野菜の持ち味により、そのままでもおいしくいただけますが、やはりサラダなのでドレッシングをかけるとうまみが増し、ドレッシングによって気分を変えて、たっぷりと味わうことができます。

基本のドレッシングは、甘糀と塩糀を使ってフレンチスタイルに仕上げています。糀のうまみを伴った甘さに白ワインビネガーやレモンの酸味が加わり、味わいのアクセントになります。ビーツやバジルの風味が凝縮されたカラフルなドレッシングは、見た目の華やかさを演出します。オリーブオイルで作るのが一般的なバルサミコ酢ドレッシングは、抗炎症を助けるオメガ3系オイルのえごま油で作りました。たっぷり添えても体にやさしい自家製ドレッシングは、ベジデコサラダの一部。どの野菜でも相性よく、お好みのものを選んでいただけます。

ドレッシングの作り方

野菜の味わいを引き立てるおすすめの４種を紹介。
各材料全てをミキサーで混ぜ合わせれば、簡単にできあがります。

＊甘糀のシンプルドレッシングの材料
マスタード10g、
白ワインビネガー25g、オリーブオイル100g、
塩糀15g、甘糀30g、レモン汁5g

＊バジルソースの材料
バジル15g、オリーブオイル150g、
ニンニク1片、松の実10g、アンチョビ5g、
粉チーズ15g

＊ビーツドレッシングの材料
チアシード(水で戻したもの)50g、ビーツ25g、
甘糀20g、レモン汁20g、
塩糀5g

＊バルサミコ酢ドレッシングの材料
バルサミコ酢25g、えごま油100g

VEGEDECO COLUMN 01

奇跡の野菜、ビーツ ミネラルたっぷりで毎日摂りたい

ベジデコサラダに欠かせないのが、赤紫色のビーツ。とうふクリームに混ぜたり、内側にミルフィーユ状に重ねたりして使います。ビーツは地中海原産で、ロシア料理のボルシチをはじめ、アメリカやヨーロッパではよく使われる野菜です。生のものを使う場合は、きれいな赤色が流れ出ないよう丸ごと時間をかけてゆでますが、スライスされた水煮の缶詰を使えば、そのまま手軽に調理できます。

ビーツの赤色には、ポリフェノールの一種であるベタシアニンが含まれています。血液を作る葉酸もたっぷり含んでおり、女性には特に毎日の食事に摂り入れてもらいたい野菜です。カラフルな野菜が持つ癒し効果も期待できます。ベジデコサラダとともに、日々の定番にしましょう。

Chapter 3

ベジデコサラダで
心を込めたおもてなし

Hospitality with
Vegedeco Salad

日々の生活に「プチハレ」を見つけて笑顔を増やす

デコレーションケーキのように気分を高められるベジデコサラダは、日常の中のワンシーンに取り入れていただきたい一皿です。そのシチュエーションはさまざまあります。ご家族へ、ご友人へ、ベジデコサラダを届ける数だけ、笑顔のある思い出を増やすことができます。

まず初めに作っていただきたいのは、ピンク色に彩られた基本のベジデコサラダです。これまで長い間調べてきた大豆粉や甘糀、ビーツなどを使った基本の味を、多くの方々に知ってほしいからです。相手を想像して、心を込めて世界でひとつの一皿に挑戦していただきたいと思っています。

ベジデコサラダをアレンジして作るときのこだわりの作法は、「食べていただく方の笑顔を想い浮かべて心を込めて作る」こと。その方の年齢やお好みの味、雰囲気、健康状態などを考え、見たときや味わったとき、笑顔になる姿を想像してみましょう。テーマの野菜や色合いを決めるのは、その後の作業です。栄養価や見た目の美しさを考えて、珍しい食材を用意するのもいいですが、無理なく作っていただくためには、その日に冷蔵庫にあるものや、身近なお店で手に入る食材が一番。大豆粉や甘糀といった基本の材料は、入手できるタイミングにまとめて買っておけば、次に作るときに手間なく挑戦できます。

ベジデコサラダの大きさは、直径15㎝の丸型を基本としています。プレゼントすることや、取り分けて食べていただくことを考えると、この大きさが最適だと思うからです。私は日常のちょっとした「ハレの日」を「プチハレ日」と呼んでいるのですが、そんな日に気軽に作れるように考えました。

大切な人に食べていただくことが楽しみになり、作っている自分まで笑顔になれること。それが、ベジデコサラダを日々の生活に取り入れる大きな意義のひとつだと考えています。

食を通してのコミュニケーションが人生を豊かにする

ベジデコサラダをアレンジして提供する最初の場には、ご家族のお祝いの席を選んでみてはいかがでしょうか。誕生日や入学、進級、卒業、昇進など、年間を通じてさまざまなお祝い事があります。食事のスタートから食べていただけるベジデコサラダなら、ご家族の帰宅時間に合わせてサプライズでテーブルに用意して、そのままお祝いにいただくことができます。お子さまの誕生日のお祝いなら、成長に合わせて毎年違うアレンジに挑戦してみましょう。大人になったとき、今度はお子さまが自分の家族に想いを伝えられるようになり、コミュニケーションが上手になるはずです。

アレンジの方法は、季節の行事から考えることもできます。その時期の旬の野菜を使ったり、伝統行事に合わせた色合いを考えたりすることで、異なる雰囲気の一皿を楽しんでいただけます。その季節にしか入手できない珍しい野菜に出会ったら、ベジデコサラダを味わう絶好のチャンスです。今は野菜の品種が豊富になり、にんじんひとつとっても、黄色、オレンジ、紫など、彩り豊かなものが入手できるようになりました。紫芋なら、産地や品種の違いにより、色の濃淡、味わいも変わります。次は何を作るか考えながら日々の食材を意識すると、一つひとつの野菜の色、味わい、栄養などにも目が向くようになり、想像力もふくらみやすくなります。

ベジデコサラダは、初めて会う方や、日ごろお世話になっている方へのプレゼントにも最適です。年齢を重ねると、他人には知らせない健康上の制限があるかもしれませんが、自然の食材を使っているため安心してお届けできます。よりヘルシーにして、食材へのこだわりを伝えるなら、話題のスーパーフードをさりげなくあしらったり、かわいらしくアレンジできるマイクロハーブをちりばめたりし、その機能を伝えてみましょう。

野菜や糀を味わっているときに、作り方のこだわりも伝えてみましょう。その場にいる人たち全てを笑顔にするベジデコサラダ。次のページから紹介する具体例を参考に、自分なりの形で日常の食シーンに笑顔を増やしてみましょう。

Happy Birthday

お子さまの成長を願う特別な日に

家族のお祝い

お誕生日祝いを待ちわびるお子さまに、
パーティのスタートから楽しめる特製ケーキをプレゼント。
４種のドレッシングとともに、野菜をたっぷり味わえます。

PICK UP 元気いっぱいのビタミンカラーに

＊かぼちゃのとうふクリーム

鮮やかなイエローのクリームには、β-カロテンたっぷりのかぼちゃを練りこんでいます。自然な甘さがあるため、甘いものが大好きなお子さまにぴったり。ドレッシングを添えると、味わいのアクセントになります。

材料（作り方はP32参照）

- かぼちゃペースト……60g
- 水切りとうふ……360g
- 甘糀……20g
- 太白ごま油……15g

POINT たっぷり食べてもらいたい野菜を選ぶ

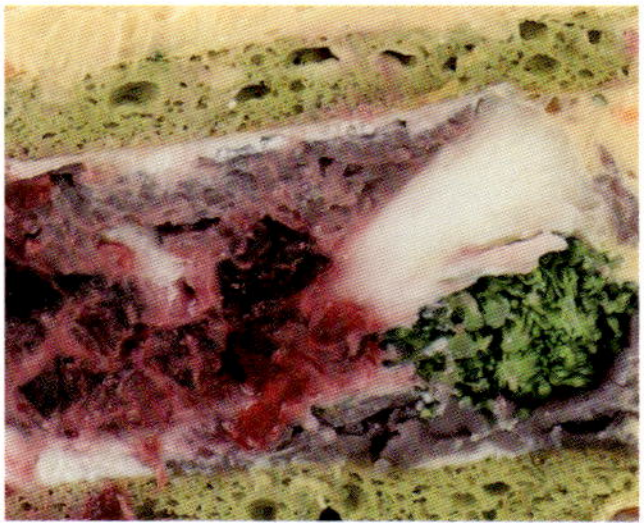

スポンジには小松菜を練りこみ緑色に。内側には紫芋、ビーツ、カリフラワー、ブロッコリーを使い、カラフルな楽しさを演出。

外側や上に飾るにんじんは、鬼おろしを使って歯ごたえよく仕上げます。黄にんじんやレッドソレルも飾り、華やかさをプラスして。

家族のお祝い

成長するお子さまに楽しいサラダの世界を

まるでデコレーションケーキのようなベジデコサラダは、お子さまのお祝いにぴったりの一品です。かわいいものに目がない女の子なら、バースデーケーキの代わりに華やかに飾るのがおすすめ。デザートまで待たなくても、パーティのスタートからバースデーソングを歌ってそのまま味わうことができます。

元気な子どもが主役だから、ベジデコサラダには、明るく鮮やかなビタミンカラーの野菜を使っています。苦手な野菜でもたくさん食べてもらえるように、とうふクリームにはかぼちゃを練りこみ、スポンジには小松菜を。内側にはブロッコリーにカリフラワー、紫芋、ビーツを組み合わせ、カットしたときの見た目を楽しんでもらえるカラフルなグラデーションに仕立てています。ドレサージュには、歯ごたえよく食べられるように粗くおろしたにんじんをたっぷりと。野菜や甘糀だけで、「こんなに甘くておいしい」と感じてもらえるきっかけになります。

野菜の甘さを引き出すポイントは、オリジナルのドレッシングにもあります。基本のドレッシングは、甘糀でうまみと甘さを出し、レモン汁でさわやかな酸味を出しています。ピンク色のビーツドレッシングやグリーンのバジルソースは、どちらも野菜の色素の持ち味を生かしています。レシピではオリーブオイルを加えていますが、子どもの健やかな成長のために、オメガ3系オイルの亜麻仁油やえごま油を使って作るのもおすすめです。添加物や糖質、カロリーを気にせずに楽しめるオリジナルドレッシングをたっぷりかけて、大切なお祝いの日に、新しいサラダの世界に誘《いざな》うことができます。

子どもにとって、家庭の味は大人になっても記憶に残る大切なもの。大切なお祝いに心を込めて作られた一品は、どんなにおいしいお店のケーキにも勝る味わいがあります。カラフルなベジデコサラダを用意してお祝いする日は、食に対する家庭でのこだわりを伝えたり、それぞれの野菜の味わいを感じてもらったりする絶好のチャンスです。ベジデコサラダを通して、幸せなコミュニケーションの時間をとり、大切な日を祝う笑顔の食シーンを増やす機会にしてはいかがでしょう。

日常に節句を祝う食シーンを

七夕まつり

暦上の二十四節気は、体調を整える絶好のタイミング。
七月の七夕には、さわやかなバジルの香りで暑気払いを。
日常で季節を感じたい日は、ベジデコサラダの日に。

PICK UP さわやかな香りが漂う夏野菜

＊バジルクリーム

香味野菜のバジルは、ビタミンA・Eやカリウム、カルシウムなどをたっぷり含んでいます。バジルが持つ精油成分は、消化を促進し、抗菌の作用があり、暑い夏にぴったり。相性のいい夏野菜を、ドレサージュに取り入れます。

材料（作り方はP32参照）

- バジルソース（バジル20g、松の実5g、オリーブオイル50gをミキサーで混ぜる）……40g
- 水切りとうふ……360g
- 甘糀……40g
- 塩糀……6g

POINT 旬の野菜を彩りよく立体的に飾る

バジルの香りが凝縮されたとうふクリーム。新鮮なものを入手したら、少し葉が残るように混ぜると、見た目の変化をつけられます。

白と紫のプチベールを大胆にあしらい、にんじんとズッキーニでさらに立体感を。ズッキーニをきゅうりで代用するなど、お好みの野菜でOK。

七夕まつり

季節の節目にベジデコサラダで体のリズムを整えて

梅雨《つゆ》明けを間近に控える七夕は、暦の上では小暑。本格的な夏の訪れを感じられる時期です。暑い日々を前にしたお祝いには、さわやかな香りを感じてもらえるよう、とうふクリームにバジルを練りこんだベジデコサラダを用意しました。

とうふクリームで覆われたスポンジや野菜のベースは、基本の作り方と同じです。クリームに混ぜる野菜やドレサージュを変えるだけで、全く違う世界を演出できるのがベジデコサラダの魅力のひとつ。季節に合わせ、お正月、クリスマス、桃の節句、端午の節句など、年間を通じて取り入れることができます。

七夕のお祝いは日本の風習ですが、ベジデコサラダでは使う野菜を限定しないため、和の野菜にこだわることはありません。七夕のアレンジでは、和の素材であるシソの葉でさわやかな味わいを出すこともできますが、クリームに練りこむとえぐみが出る恐れがあります。そのため、シソと同様の作用があり、サラダやドレッシングと相性がいいバジルを選んでいます。

全体の色合いは、七夕で飾られる笹に合わせてグリーンをメインに。きゅうりやプチベールを大胆にあしらい、みずみずしい表情にしています。飾る野菜のアレンジは無限にあります。プチベールの代わりに入手しやすい葉物野菜にすると、親しみやすい表情になります。全体のテーマカラーに、白や紫のようなポイントカラーの野菜を加えることで、見た目をきりっと引き締めることができます。

古代中国では、太陽と月の動きのずれを調整して暦に反映するため、1年を24等分した二十四節気を取り入れてきました。日本でも、二十四節気は季節の移ろいを感じる大切な節目として今でも暦に使われています。七夕のほか、桃の節句、端午の節句などは、平安時代の宮中で特別な食事を用意し、暦の節目をお祝いした風習が起源とされます。地球の営みに合わせた節目は、日常の中にあるハレの日として、後世に伝えたい伝統です。

心と体にやさしいベジデコサラダで体のリズムを整えながら、日常に感謝して伝統行事を取り入れるきっかけにしてみましょう。

グルメな大人が集う場に持ち寄りたい

ポットラックパーティー

チーズやフィンガーフードとともに、
ワインとの相性もぴったりのベジデコサラダ。
お酒好きの友人に、新たなマリアージュを提案できます。

PICK UP 見た目はまるでチョコレートケーキ

＊マスカルポーネ

サラダの味わいを引き立てるのに欠かせないチーズ。軽やかでクリーミーなマスカルポーネをとうふクリームに練りこみ、ワインに合わせるオードブル感覚でいただけます。カカオの深みをプラスして、男性にも好まれる仕上がりに。

材料（作り方はP32参照）

- マスカルポーネ……80g
- 水切りとうふ……240g
- カカオパウダー……40g
- 甘糀……40g

POINT 大地で育まれた野菜をイメージ

畑の土から野菜が誕生する躍動感を、カカオパウダーやラディッシュで表しています。ラディッシュは薄くスライスし、さわやかな白も見せて。

切り口がピンク色の紅芯大根でリボンを作り、畑からのプレゼントのように。外側にはキューブの紅芯大根とカカオニブを散らしています。

豊かな大地の恵みを ワインとのマリアージュで

大人同士で語らうひとときにも、ベジデコサラダは活躍します。持ち寄る人のセンスが光るポットラックパーティで披露すれば、みんなの視線を引き寄せ、低糖質、グルテンフリーの食スタイルを伝えることができます。大勢でのパーティーに集う方の中には、お酒や食事を制限されている方がいらっしゃるかもしれません。美しいものに目がない女性はもちろん、日ごろ油っぽいおつまみを選びがちな男性にも、ヘルシーで食べごたえあるベジデコサラダなら満足していただけます。誰にとってもおいしく、楽しい時間を演出できます。

グルメな方々の笑顔を想い描くと、隠れた味わいや細かい部分には手を抜けません。基本のスポンジにはクリームチーズを加えてコクを出しているため、とうふクリームにはフレッシュなチーズ、マスカルポーネを混ぜてコクのある味わいにしています。上部には、紅芯大根をスライスしたリボンを飾り、おもてなしの気持ちを込めました。明るいピンク色の野菜も、集まる方々の気分を高めることができます。

たくさんのおいしいものを口にして人生を重ねてきた方には、見た目や味わいへの驚きだけでなく、その背景になるストーリーもプレゼントしましょう。たとえば、野菜が育まれたその時間に想いを馳せられるように、収穫時の躍動感ある豊かな大地を表現。カカオパウダーをたっぷりかけて畑の土に見立て、新鮮なラディッシュをあしらいます。カカオは、ワイン同様ポリフェノールが含まれ、抗酸化作用が期待できる食品のひとつです。まわりに散らしたカカオニブは、カカオ豆を砕いたもの。欧米ではスーパーフードとして、お菓子や料理のトッピングに使われています。カカオの香りや苦みが凝縮され、ワインとの相性は抜群。カカオ風味のベジデコサラダで、新しいマリアージュを提案できます。

ベジデコサラダでおもてなしする時間は、コミュニケーションを豊かにする機会にもなります。「どんな野菜を選ぶか」「糀をどう使うか」などの会話を弾ませ、楽しさが連鎖する空間を作ってみてください。

スーパーフードで体内美人に

ヘルシーティータイム

人生には健康上、思わぬ制約が出てくることも。
そんなときでも、おいしく、楽しく味わえるのがベジデコサラダ。
食物繊維たっぷりのスーパーフードを、健康への祈りに代えて。

PICK UP ポリフェノールたっぷりのヘルシークリーム

＊紫芋クリーム

紫芋の色素には、ポリフェノールの一種であるアントシアニンが含まれ、抗酸化作用があります。ビタミンCや食物繊維が豊富に含まれ、老化を防ぐ作用も。ゆずや白味噌を加えて、甘さと酸味の和のハーモニーを楽しめます。

材料（作り方はP32参照）

- 紫芋ペースト……60g
- 水切りとうふ……360g
- ゆず果汁……10g
- 白味噌……40g
- 甘糀……20g

POINT 食卓で話題にもなるスーパーフード

紫芋やクリームの間には、水で戻したチアシードを散らし、見た目や食感に楽しい変化を。食物繊維たっぷりのスーパーフードであることは、最後に明かして。

紫にんじんと黄にんじんを花びら状にし、全体をパープルでコーディネート。アマランサススプラウト、春菊スプラウトは、スプレーフラワーに見立てて散らします。

ヘルシーティータイム

スーパーフードをプラスした楽しくヘルシーなティータイムに

健康上の理由で食事や糖分に制限がある方でも、低糖質でグルテンフリーの一皿なら、ティータイムを笑顔で過ごしていただけます。フラワーブーケをプレゼントするように、どのお客様にもベジデコサラダでおもてなししてみましょう。

シックなバイオレットカラーのとうふクリームには、アントシアニンが含まれ抗酸化作用のある紫芋を練りこんでいます。基本の材料である甘糀に加え、今回はゆずの果汁と白味噌を使いました。発酵食品には、食材のうまみを引き出し、ビタミンやミネラルを体内で吸収しやすくする作用があります。甘みのある白味噌も同じ。紫芋とともに、日本ならではの素材が和スイーツのように、体にやさしく満足感を高めてくれます。

とうふクリームの内側には、キャベツ、黄にんじん、にんじん、紫にんじんと4

種類の野菜を各110gマリネして組み立てました。黄緑色から紫色へと美しいグラデーションカラーがのぞき、基本の野菜マリネとひと味違うアレンジを楽しめます。クリームのまわりには、スプレーフラワーのような花柄をイメージし、アマランサスのスプラウトや春菊のスプラウトをたっぷりと。アマランサスは、ミネラルとアミノ酸が豊富な雑穀で、若芽であるスプラウトにも栄養が凝縮されています。

スプラウトの合間には、シソ科の植物の種子、チアシードをブレンダーにかけてジュレにしたものを散らしています。チアシードは、南アメリカ原産で、欧米ではスーパーフードとしてヨーグルトやサラダに取り入れられています。オメガ3脂肪酸、ビタミン、ミネラル、アミノ酸などをたっぷり含み、水に浸しておくとジュレのような食感に。保水性のおかげで満腹感も得られます。

最近は、スーパーフードとして次々に栄養価の高い食材が紹介されています。ビーツのような主役級の野菜もあれば、単体では味気のない食材もあります。どの食材も、話題だからと料理の主役にするよりも、日々の食事にさりげなく取り入れるほうが、飽きずに楽しく体内環境を変えることができます。そんな食生活を、ベジデコサラダから始めてみてはいかがでしょうか。

組み合わせは無限大!

笑顔が広がるベジデコサラダ6

1
フレッシュピンク

春の桜をイメージしたビーツのベビーピンクに、山菜のゼンマイをドレサージュ。4種のフレッシュ野菜を飾りつけたさわやかな一皿は、お花見のおともにも。

2
抹茶トライフル

抹茶の風味と苦みを生かしてお野菜の甘みを引き立てています。イギリスのデザート風のドレサージュで、パープルカリフラワーのかわいらしい形を生かしています。

3
ベビーグリーン

さわやかなバジルの香りのとうふクリームに、赤カブを飾りつけて水玉模様に。バーニャカウダソースでマリネしたセロリやレンコン、菊芋は男性にも好評です。

選ぶ野菜次第で、ベジデコサラダはもっと楽しく華やかになります。
自分もまわりも笑顔になる、私のお気に入りのアレンジをご紹介します。

4
ハーバル バイオレット

紫芋のやわらかなバイオレットのクリームに、ホワイトプチベールで女性らしさを演出。中の根菜サラダはフェンネルを加えて、香りをプレゼント!

5
ビタミン オレンジ

愛情たっぷりに育ったにんじんの自然なビタミンカラーを生かしてドレサージュ。鬼おろしにしたりスライスしたりすることで、味わいの違いも楽しんでいただけます。

6
フルール イエロー

かぼちゃの鮮やかなイエローに、パープルプチベールと栄養価の高いアマランサスのスプラウトで、ボタニカル風に仕上げました。中は真っ赤なビーツと紫芋で、切り分けたときの色のコントラストで驚きを演出!

VEGEDECO COLUMN 02

あると便利な

キッチンアイテム

こだわりのアイテムを、食べる人への思いにつなげて

特別なものを使わなくても、誰でもおいしく作れるベジデコサラダ。それでも、ダイニングでの笑顔を第一に、「お店と同じように作りたい」と思う方へ、あると便利なアイテムを紹介します。

野菜のカットには、岐阜県関市の三星刃物が手作りする「和 NAGOMI」シリーズがおすすめです。440Aモリブデン鋼を使い、極薄でしなやかな刃が特徴。和モダンなフォルムで重すぎず、たくさん切っても疲れることがありません。取り分けるときには、切り口をすっきり見せてくれます。

一方、とうふクリームの仕上がりを左右するのは、口当たりのなめらかさ。それを実現するには、フードプロセッサーが便利です。市販のものには、コンパクトなものから、プロ向けの本格的なものまであり、回転数により仕上がりの早さが違います。お好みのものを1台用意しておくと、キッチンでさまざまな用途に使えます。

テスコムのプロセッサー

手軽に使えるテスコム製。回転数の多いプロ仕様より時間はかかりますが、仕上がりには影響しません。

三星刃物の「和 NAGOMI」包丁

440Aモリブデン鋼を使い、極薄の刃で切り口が驚くほどきれいに。マリネ用の野菜のカットには、刃渡り180mmの三徳包丁を使用。

POINT

取り分けは、90mmのパーラーナイフを使用。押しつぶさないよう、立てて引くようにカット。

Chapter 4
私がベジデコサラダを通して伝えたいこと
What I want to convey through a Vegedeco Salad

「あぁ、おいしい」のもっと先
体と心が心地よくなるメニューを提供したい

私が初めて「食」と真剣に向き合ったのは、約30年前のことです。向き合ったというより、壁にぶつかったというほうが正しいかもしれません。

短大を卒業後、2年間のOL生活を経て、私は結婚しました。そして夫の仕事の関係で、私は図らずもフランス料理店の経営に携わることになりました。とはいえ、私の仕事は料理を作ることではなく、マネジメントをすることだったので、食に関してはまだまだ素人だったと思います。けれどもあるとき、大きな壁に直面し、食と向き合わざるを得なくなりました。結婚翌年に出産した長男が、食物アレルギーだと判明したのです。

卵を食べると湿疹が出るし、牛乳を飲むと調子が悪くなります。しかし当時は、食物アレルギーに関する情報が乏しかったため、右往左往する毎日が続きました。

栄養を摂らせるために一生懸命考えて作ったにもかかわらず、体に入った途端、苦しみ出す我が子。「こんなことってあるんだ」と、愕然としました。もちろん、人の体は食べ物によって作られているのですが、食べ物と体が、こんなにも直結しているということに改めて驚かされました。

それからの私は必死でした。食べ物の特性を本で調べてノートに書き写し、いろいろな調理法を試しては、一喜一憂する毎日。思えばこれが、私と食との闘いの始まりでした。「闘い」なんて言い方、ちょっとおかしく思われるかもしれませんが、当時の苦労を思い起こすとそれが一番しっくりきます。

そして、少しずつ長男の体に合う、食のスタイルが構築できてきたころ。長男が中学生になったころだったと思います。私はそれまでセーブしていた仕事に本格的に復帰することにしました。

レストランの経営は順調でした。おかげさまで「おいしい」と評価してくださるお客様が多く、シェフたちも責任と誇りを持って働いていました。しかし、現場にちょくちょく顔を出すようになった私は、ある違和感を抱くようになりました。「このレストランのメニューは、私の現実の生活とは乖離《かいり》している」と。

厨房では、フランス料理のシェフたちが、丹精込めておいしい料理を作っています。既製品を使わず、きちんと手作りしていましたが、それでもやっぱり「あ、私が気をつけていることとは違うな」と感じました。

私が家庭で気をつけていることといえば、家族の健康を守ること、食べたら元気になる料理を作ることです。でも、シェフたちが気をつけていることは、おいしさを引き出す焼き加減や、うまみを上乗せする素材の組み合わせなど、最高級のおいしさをご提供することです。だから、レストランの料理は「ああ、おいしい」で終わってしまう。そこがゴールなんです。

でも、本当はもっとその先を見据えるべきなのではないか？　つまり、食事の後や翌朝に「体が楽になった」とか「いつもと違う。すっきりしたな」とか、そういうことをお客様に感じていただけるメニューを提供すべきではないのか？　そんな想いが、じわじわと広がるようになりました。

あれはダメ、これはダメではなく体にいいものを積極的に選ぶ

「もっと健康を意識したメニューを提供したい」と漠然と思っていたとき、母が病気になりました。手術をすることになったのですが、高齢だったため、体力をつけなくてはいけません。そこで、ふっと頭に浮かんだのが薬膳でした。体によい料理を作って、母に少しでも元気になってもらうために、私は薬膳を学ぶことにしました。

結局、それを機に8年ほど勉強をしたのですが、薬膳を通して本当にたくさんの気づきを得ました。最も大きかったのは「食と体の結びつき」を改めて感じたこと。でもそれは、長男のときとは真逆の気づきです。

長男のアレルギーと闘っていたころは「あれはダメ、これはダメ」と言っている自分がいました。体に合わないものを食べたら一大事ですからね。かなり神経質になっていたと思います。でも、薬膳での学びは、そんな私を変えました。

食べ物って、本当に薬のように作用することがあるんです。「お母さんに、こんなふうに食べてもらいたい」と思って調理して食べさせると、冷えていた体が温まったり、体調が目に見えてよくなったり、そのおかげで笑顔になったり。長男がアレルギーを起こしていたのとは真逆の作用が、母の体に起こりました。食べ物が持つ無限の可能性をまざまざと感じました。そこから、あれはダメ、これはダメではなくて、より積極的に、どういうものをどうやって選択していけばいいのかというふうに意識が変わっていったんです。

「一体、何を勉強すれば自分が理想とする料理を作れるんだろう」。その想いに駆り立てられ、さまざまな食を学び始めました。

ハーブやスパイス、マクロビオティックなど、いろいろと学びましたが、私には合わないものもありました。マクロビオティックは、正直に言うと私の体には合っていなかったと思います。

でも、そういう経験をすると、「やっぱり人の体はそれぞれ違うんだ」と感じるんですよね。当たり前なのですが、食べ物で起こる反応は、人によって違うんです。だから、実はいっとき、薬膳のメニューをレストランで提供しようとしたこともあるのですが、やめました。薬膳は中医学に基づいていて、そのときの体の状態や体質を8種類に分けて考えるため、かなりパーソナルな内容にせざるを得ません。そのため、画一されたメニューとして提供することは難しいと判断しました。

そうやって、さまざまな気づきを得ながらも、なかなか理想のメニューにはたどり着けない日々が続きました。しかしそんなとき「低糖質とグルテンフリー」に出会ったのです。

おいしいもの大好きの夫が糖尿病に 低糖質&グルテンフリーの素晴らしさを体感

2012年、低糖質とグルテンフリーの考え方に出会った私は、さっそく実践し始めました。もともと胃腸の調子が悪かったのですが、次第によくなったことで「これはいいかもしれない」という手ごたえを感じていました。そんなとき、なんと夫が糖尿病になりました。

彼は、健康的な食に無頓着で、「おいしいものを食べて、やりたいことをやって、楽しく生きるのが人生だ」みたいな、男の人にありがちな考えを持っていました。仕事が忙しいこともあり、外食続きでしたし、好きなものを好きなだけ食べる生活だったんです。それまでも、少しずつ血糖値は上がっていましたが、ある日ついに、お薬を処方されてしまいました。

さて、これからどうするか。夫婦で膝を突き合わせて話し合いました。私が彼に突きつけたクエスチョンは、「これからずっと薬を飲んでいくのか、それとも、食事で自分の体をコントロールするのか」。

彼が選んだ答えは、後者でした。幸い、まだ初期だったこともあり、薬はひとまず置いておいて、食事で少しでも改善するように努力してみることになりました。でも、問題はそこからです。これまで好き放題食べてきた人が、突然糖質を制限されるのは大きなストレスを伴います。彼自身も「でも、がまんしたり、窮屈なことをやるとイライラするし、続かない気がする……」と弱気です。そこで私は、こんな提案をしました。

「私と一緒に2週間、ステーキを食べましょう」

子どもだましではありませんが、最初に気に入ってもらわないと続きっこありません。だから「これならやってみようかな」と思ってもらう動機づけとして、ステーキを食べ続けることを提案しました。もちろん、お肉を食べるだけではなく、サラダもたくさん食べる。コーンスープは飲まない。ライスは半分の量にするなど、ちょっとしたルールはあります。でも、朝と昼は、今まで通りでOKです。

するとこれが大成功。なんと、2週間で体重が2・5kg減りました。血糖値も安定してきて、1ケ月後に受けた血液検査では、明確に数値が下がったのです。先生は、「あ、薬が効いていますね」と満足気。ごめんなさい、本当は薬を飲んでいませんでした（ちゃんと後日打ち明け、ご理解いただきました）。

体重が減り、血糖値が下がり、体調もよくなったおかげで、彼はがぜんやる気になりました。家族も彼に協力するため、食卓から完全に白米が消えました。実は、時を前後して、次男が大腸炎を患いました。腸の疾患を引き起こす要因のひとつにグルテンがあるため、我が家の食卓はどんどん「低糖質&グルテンフリー」化していきました。そして私は思ったのです。

「あ、これだ」と。

長男のアレルギーと闘い、母の病気を通してさまざまな食を学び、低糖質&グルテンフリーの素晴らしさを実感した私は、自分が理想とするメニューがどのようなものか、ようやくわかった気がしました。私が理想とするメニューとは、その人を健康にすること、美しくすること、心地よくすること。そしてそれを叶えるために「低糖質&グルテンフリー」は欠かせないということ。

そうして、低糖質スイーツを開発し「人生を変えるメニュー」として糖質コントロールコースを2013年に発表。これまでの家庭内での経験と、レストランというビジネスの場が、ようやく結びついた瞬間でした。

「なんか地味だね」「伝わらないね」ベジデコサラダが完成したのは、そんな声のおかげ

ようやく、理想とするメニューを作り出すことができましたが、実はまだ、100%納得できていないものがありました。それは、スイーツです。

「小麦粉を使わず、砂糖も使わないスイーツを作りたい」とパティシエに相談しても、「そんなのできるわけないでしょう」と一蹴される始末。そのため、仕方なく最初のうちは、市販の人工甘味料で甘さを出していました。でも、やっぱりなんだか、味が物足りない。また、「1歳、2歳の子どもが食べるスイーツとして、この人工甘味料は本当にふさわしいのだろうか」という迷いもありました。そして何より、これからは、血糖値だけではなく、腸内環境や免疫力など、体全体のことを考えて食と向き合うべきだという思いが強くありました。

そこで、人工甘味料ではなく、日本の伝統の発酵食品である糀を使い、一からスイーツを開発することにしました。そして、2014年に低糖質&グルテンフリーのスイーツブランド「KOJI MORE」が誕生。2015年には、同ブランドの「糀すふれっど」が名古屋商工会議所より「なごやくらふと賞」を受賞しました。

でも、実はちょっと嫌になった時期もあるんです。スイーツと果てしない闘いを繰り広げて、「KOJI MORE」が誕生しましたが、「ちょっと地味だね」とか、「ぱっと見たとき、体にいいことが伝わらないよね」とか、いろいろなご意見をいただきましたから。難しいな〜って、頭をぐしゃぐしゃにして考えこむこともありました。

だけど、よく考えてみたら、私は別にパティシエになるのが夢だったわけじゃないし、どうしてもスイーツを食べてほしいわけでもないんですよね。じゃあ、私がみんなに食べてほしいものは何なのかと問い直してみたら、やっぱり野菜なんです。だったら、野菜をもっといっぱい食べてもらえるようなものを開発するのが一番なのではないかと、自然と気持ちが整っていきました。進むべき道が、目の前にパーッと開けたような感覚です。

みんな、ケーキは喜ぶ。私は野菜を食べてもらいたい。だから「まるでデコレーションケーキのようなサラダを作ろう！」と、イメージはどんどんふくらんでいきました。同時に、それまで食の機能性にばかり目を向けていたことを反省しました。もちろん、安心安全は大切ですが、食というのは、もっと楽しくなくてはいけない。人が笑顔になれる要素が必要なのだと気がついたのです。大切な人に、喜んでいただくという、やさしさとか、愛にあふれた心が少し欠けていたかもしれません。そんな思いと共に、ついに「ベジデコサラダ」が誕生します。

２０１５年に初めて「ベジデコサラダ」を発表したときは、賛否両論でした。「甘い」という人もいるし、「甘くない」という人もいる。「あんまり味がしなくておいしくない」という人さえいました。私としては、なんといってもサラダなわけですから、シンプルな味にこだわったわけです。「ドレッシングをかけて食べるんだから、味が薄くて当たり前じゃない」という想いでした。でも、ほとんどの方は、ケーキのつもりで召し上がるんですよね。だから、思ったほどの甘さがないと、そのギャップがショックで「甘くない」「おいしくない」という評価になる。考えるにつれて、それがなんとなく、わかるようになりました。

改良を重ね、現在はサラダ自体にも味をしっかりつけ、さらにドレッシングをかけて召し上がっていただく味つけにしています。デコレーションケーキのような華やかさはそのままに、お皿の上に野菜そのものを飾りつけることで、「これは何!?」という驚きも伝えています。

今、私が想い描いているイメージは「おくりものサラダ」。「ケーキにする？　おまんじゅうにする？　それともサラダにする？」という未来を築くことです。ベジデコサラダを、もっともっと知っていただいて、多くの方に体験していただきたい。そして、誰も驚かなくなるくらい、ベジデコサラダが贈り物の王道になりますように。

今、ようやく私はスタートラインに立ったのです。

おわりに

さて、ベジデコサラダ。いかがでしたでしょうか。

この本をお読みになったあなたは、きっと「何これ⁉」と思って、「えっ、野菜ででできてるの?」「どんな味がするんだろう」と驚いて、と、気になっているのではないでしょうか。さっそく心を動かされているはずです。

それが、ベジデコサラダの魔法なんだと私は思っています。

この魔法にかかったあなたは、さらに「誰かに作ってあげたい」「あの人に食べさせてあげたい」など、いろいろな気持ちがわきあがっていることでしょう。その思いが行動になり、あなたを中心に、笑顔がどんどん広がっていきます。あなたはそんな笑顔の仕掛け人にもなれるのです。

いつもの生活の中に喜びの種を見出《みいだ》して、皆で祝い合う。そんな日常を「プチハレ」として楽しめる豊かな心と時間をベジデコサラダで育んでいただけたら、と願っています。

このベジデコサラダは、あなたの人生を変えるのです。

より手軽に作れるように、ベジデコサラダのキットもご用意しています。また、より多くの方に仲間になっていただける「一般社団法人　日本ベジデコサラダ協会」も設立しました。

あなたもぜひ、このベジデコサラダを通して自分の体と心を観察し、変化を体感して、自分に合う食スタイルを見つけてください。そして、あなたと大切な人たちの笑顔があふれるベジデコサラダのある生活を存分に楽しんでいただけたらと思います。

２０１７年5月　　森安美月

森安美月 Mitsuki Moriyasu

ベジデコサラダ デザイナー　グルテンフリー料理家

愛知県名古屋市出身。1987年よりレストランの経営に携わる。自身の体験に基づき、低糖質&グルテンフリーが健康と美容のカギになると確信し、商品開発をスタート。日本伝統の糀と国産大豆粉を使用した「糀すふれっど」を開発し、2015年1月名古屋商工会議所より「なごやくらふと賞」を受賞。さらに低糖質&グルテンフリーの食スタイルを広めるため、Mitsuki Style（ミツキスタイル）の活動を開始。2015年6月「見て楽しい、食べて楽しい、笑顔があふれる」をコンセプトにした「ベジデコサラダ®」を発表。2016年12月、日本ベジデコサラダ®協会理事長に就任。

ベジデコサラダ®　公式ホームページ
http://vegedecosalad.com/

Mitsuki Style（Mitsuki Moriyasu　公式ホームページ）
http://mitsukistyle.jp/

一般社団法人日本ベジデコサラダ®協会
http://www.vegedeco.org/

※「ベジデコサラダ®」は、株式会社ミツキスタイルの登録商標です。

◆ 参考文献
『春夏秋冬　おいしいクスリ　旬の野菜の栄養事典（最新版）』
吉田企世子監修（エクスナレッジ）

『新版　食材図典　生鮮食材篇』
成瀬宇平他監修（小学館）

◆ スタッフ
写真／伊藤卓哉
文／森本裕美、浅川淑子
デザイン／前田由美子（アチワデザイン室）

Special Thanks／中川照丈　安田実穂　松本利恵
犬飼博美　橋本めばえ　西名誠護

低糖質＆グルテンフリーでおいしくハッピー！
ベジデコサラダの魔法
2017年5月25日　第1刷発行

著　者　森安美月
発行者　見城 徹

発行所　株式会社 幻冬舎
〒151-0051　東京都渋谷区千駄ヶ谷4-9-7

電話：03（5411）6211（編集）
03（5411）6222（営業）
振替：00120-8-767643
印刷・製本所：大日本印刷株式会社

検印廃止

Printed in Japan
ISBN978-4-344-03118-0　C0095
幻冬舎ホームページアドレス　http://www.gentosha.co.jp/

この本に関するご意見・ご感想をメールでお寄せいただく場合は、
comment@gentosha.co.jp まで。